드림

오후 2시, 꽃을 만지는 시간

### 오후 2시, 꽃을 만지는 시간

**초판 1쇄 인쇄** 2017년 1월 3일
**초판 1쇄 발행** 2017년 1월 10일

**지은이** 윤서영

**발행인** 장상진
**발행처** (주)경향비피
**등록번호** 제 2012-000228호
**등록일자** 2012년 7월 2일

**주소** 서울시 영등포구 양평동 2가 37-1번지 동아프라임밸리 507-508호
**전화** 1644-5613 | **팩스** 02) 304-5613

ⓒ 윤서영

**ISBN** 978-89-6952-145-3  13630

· 값은 표지에 있습니다.
· 파본은 구입하신 서점에서 바꿔드립니다.

쉽게 따라 하는 프렌치 플라워 스타일링
# 오후 2시, 꽃을 만지는 시간
*Times for making Flower*

윤서영 지음

경향BP

PROLOGUE

# 오후 2시,
#     꽃을 만지는 시간

대학을 다닐 때, 개강하는 날 나는 늘 책 한 권을 가방에 챙겼다. 그날 수업과 관련 있는 책은 아니었지만 그저 내가 읽고 싶은 책이었다. 나는 언제나 바빠도 책으로 위안을 얻었다. 책을 읽는다는 게 여유가 느껴지는 일인 것처럼.

그리고 그때마다 언젠가는 나도 어떻게든 꼭 책을 쓰겠다는 꿈을 그렸다. 2016년, 그로부터 10년도 안 되었는데 이렇게 빨리 꿈이 이루어질 줄 몰랐다. 게다가 중국어와 중문학을 전공한 내가, '꽃'으로 책을 내게 될 줄은 상상도 못했다.

꽃을 만지는 사람이 된 지 햇수로 6년, 누군가에게 도움이 되는 사람이고 싶어 나는 '꽃 선생'이 되었다. 사회생활로 몸과 마음이 지쳤을 때 처음 꽃을 만났다. 나는 매주 목요일 저녁 7시에 꽃을 잡고는 만지곤 했다. 1주일에 한 번, 꽃을 만지는 시간 자체가 내게는 힐링이었다. 꽃 한가운데 서 있노라면 빡빡한 삶에 잠시 휴식이 주어진 느낌이었다. 몸과 마음이 치유되는 그 느낌을 잊지 못해 나는 오늘도 꽃을 만진다.

대부분의 플로리스트는 월요일에 쉰다. 나는 회사원이던 시절의 습관이 남아 있어서인지 월요일에도 일을 한다. 그리고 월요일에도, 비가 오고 눈이 와도, 폭염이어도, 영하의 날씨여도 꽃시장으로 향한다.

플로리스트가 된 이후로는 꽃시장에서 늘 아침을 맞이하는데, 나는 아침에 꽃을 만나는 걸 좋아한다. 전날 수업 일정이 빠듯해서, 촬영과 컴퓨터 작업으로 잠이 부족해서 몸이 고단해도 꽃시장에만 들어서면 힘이 난다. 싱그러운 꽃을 만나면 덩달아 나도 생기가 도는 듯하다. 그러고 보면 나는 어쩔 수 없는 '꽃을 만지는 사람'이라는 생각이 든다.

꽃시장의 아침은 활기차고 분주해 함께 꽃을 나누는 상인과 운반기사에게 늘 고마운 마음이 앞선다. 그들의 부지런함과 예쁜 꽃으로 가득 찬 꽃시장에서는 회사원 시절의 출근길에서는 느끼지 못했던 에너지가 느껴진다. 매 계절, 꽃시장에서는 계절보다 앞서 절화를 만날 수 있는

데 귀하면서도 누구보다 일찍 찾아온 꽃이 기특해 마음도 따뜻해진다.

오전에 데려온 꽃들은 정성들여 한참 다듬어야 쓸 수 있는데 이 과정을 컨디셔닝이라고 한다. 컨디셔닝을 마치면 대개는 오후 2시쯤이 되는데 내가 하루 중 가장 좋아하는 시간이다. 물을 올린 꽃을 어여쁘게 쓸 수 있는 시간, 따사로운 오후볕이 들어와 꽃을 빛내는 시간, 가장 꽃을 만지기 좋은 시간이기 때문이다. 그래서 이 책의 이름도 '꽃을 만지는 시간, 오후 2시'가 되었다. 수업을 하는 틈틈이 시간을 내어 책 작업을 했다. 책이 세상에 나와 독자를 만난다니, 마음이 벅차고 감회가 새롭다. 책을 준비하면서 많은 이들의 도움을 받았다. 책 촬영 내내 함께해준 은지 선생님과 주영 선생님, 든든한 어시스턴트 혜원, 수없이 응원하고 도와준 클래스 학생들, 마지막으로 나의 든든한 버팀목이 되어준 가족까지 모두에게 감사인사를 전하고 싶다.

내가 사랑하는 꽃으로 누군가의 삶이 화사해지기를 바란다. 바쁜 일상에 꽃에게서 위안을 얻은 나처럼 누군가에게 이 책이 꼭 값진 위로가 되면 좋겠다.

# CONTENTS

**PROLOGUE** 4

## 오전 11시, 수업을 준비하며

- 꽃을 만지기 전 필요한 도구 12
- 플로럴폼에 물 먹이는 법 13
- 좋은 꽃 고르는 법 14
- 꽃과 소재 다듬기, 컨디셔닝 15

## CHAPTER 1 *Gift* 누군가에게 행복을 선물하는 꽃

01 꽃바구니 18

02 꽃다발 22

03 라운드 어레인지먼트 26

04 스퀘어 어레인지먼트 30

05 한 송이 포장 36

06 프렌치 꽃바구니 40

07 플라워 박스 44

08 장미 꽃다발 48

CHAPTER 2
*Home Styling*

# 집 안 곳곳의 분위기를 바꾸는 꽃

| 09 솜사탕 꽃병 56 | 10 새장 어레인지먼트 60 | 11 프레시 어레인지먼트 66 | 12 토분 어레인지먼트 72 |

| 13 틴케이스 어레인지먼트 76 | 14 허브 어레인지 80 | 15 다육식물 어레인지 84 | 16 리스 센터피스 88 |

# CHAPTER 3
*Party & Wedding*

## 꽃으로 꾸미는 파티와 웨딩 스타일링

### 17

비대칭 센터피스
98

### 18

플라워 볼
102

### 19

테이블 갈란드
108

### 20

코사지
112

### 21

웨딩부케
116

### 22

로즈 웨딩부케
122

### 23

테이블 스타일링
126

# CHAPTER 4
## Special Day

# 특별한 날,
# 특별한 순간을 위해 만지는 꽃

| 24 | 25 | 26 | 27 |
|---|---|---|---|
|  |  |  |  |
| 하트<br>어레인지먼트<br>134 | 해트박스<br>어레인지먼트<br>140 | 플라워 트리<br>144 | 와이어링<br>리스<br>150 |

| 28 | 29 | 30 |
|---|---|---|
|  |  |  |
| 크리스마스<br>오너먼트 부케<br>154 | 램프<br>어레인지먼트<br>160 | 할로윈<br>센터피스<br>166 |

## 오후 4시, 꽃을 즐기는 시간

- 꽃을 오래 보고, 꽃을 피우기 위한 관리 TIP  174
- 꽃을 오래 보고, 꽃을 피우기 위한 보관 TIP  175

EPILOGUE  176

BEFORE THE FLOWER CLASS

오전 11시,
꽃 수업을 준비하는 시간

꽃을 만지기 전 필요한 도구
플로럴폼에 물 먹이는 법
좋은 꽃 고르는 법
꽃과 소재 다듬기, 컨디셔닝

# BEFORE THE FLOWER CLASS
## 꽃을 만지기 전 필요한 도구

**1 오아시스 칼** 플로럴폼을 자를 때 사용한다. 생각보다 날이 예리하므로 주의하자. 꽃칼이나 커터칼로 대체 가능하다. **2 오아시스 테이프** 플로럴폼을 고정하는 테이프로 접착력이 강하다. 꽃다발 등을 묶을 때에도 사용한다. **3 꽃칼** 꽃의 줄기를 자를 때 사용한다. **4 전지가위** 굵은 부자재나 나뭇가지를 자를 때 사용한다. **5 꽃가위** 꽃의 줄기를 자를 때 사용한다. 종류가 다양하니 취향대로 고르자. 단, 물이 자주 닿아 녹이 슬 수 있으니 취급에 주의하자. **6 생화용 본드** 생화의 잎이나 줄기를 고정할 때 사용한다. **7 전기 절연 테이프** 오아시스 테이프보다 접착력은 조금 약하지만 쉽게 구할 수 있고 가격이 저렴하다. 폭이 두꺼워 큰 꽃다발을 묶을 때 편리하다. **8 가시 제거기** 반으로 접어 장미 줄기를 훑어주면 쉽게 가시를 제거할 수 있다.

# BEFORE THE FLOWER CLASS

## 플로럴폼에 물 먹이는 법

플로럴폼(오아시스)은 꽃을 꽂아야 할 때 사용합니다. 원하는 크기와 형태에 맞게 오아시스 칼로 재단해 사용하세요. 볼 플로럴폼, 리스 플로럴폼, 하트 플로럴폼, 갈란드 플로럴폼 등 다양한 형태로 플로럴폼을 재단해보세요. 플로럴폼은 사용하기 전에 물을 먹여야 합니다.

1. 플로럴폼과 플로럴폼보다 높이가 긴 물통을 준비한다.
2. 플로럴폼을 수면에 띄운 뒤 자연스럽게 가라앉도록 둔다.
3. 1분 정도 지난 후 플로럴폼이 수면 아래로 가라앉으면 꺼낸다.
   이때 물을 받으면서 플로럴폼을 띄우면 물이 튕긴 부분은 물이 먹지 않는다.
   플로럴폼보다 높이가 낮은 컵에 물을 받아 띄우면 속까지 물을 먹지 못한다.

| 1 |
|---|
| 2 |
| 3 |

# BEFORE THE FLOWER CLASS
## 좋은 꽃 고르는 법

매스 플라워(송이가 큰 꽃)는 송이가 클수록, 길이가 길수록, 줄기가 굵을수록, 꽃과 줄기의 잎의 상태가 깨끗할수록 좋은 꽃입니다. 아래 사진속 꽃은 모두 매스 플라워에 해당합니다. 매스 플라워는 꽃시장이 열리는 요일(월, 수, 금)에 눕혀진 상태로 판매됩니다. 싱싱한 꽃은 폐장시간이 아니라면 굳이 물에 담가 팔 이유가 없지요.
아래 사진에서 왼쪽 두 송이처럼 잎이 별로 없는 꽃은 줄기나 잎의 짓무름 없이 깨끗한 꽃으로 고르세요.

그밖에 필러플라워(잔 꽃)는 물에 담가 판매되는데, 줄기가 깨끗하고 송이가 상하지 않은 것으로 고르세요. 잔 꽃일수록 물 내림이 쉬우므로 컨디셔닝을 서둘러야 합니다.
꽃잎의 색이 연할수록 송이가 다치기 쉬우므로 신중히 골라 구입하고 포장 시 송이를 누르지 않도록 주의하세요.

# BEFORE THE FLOWER CLASS

## 꽃과 소재 다듬기, 컨디셔닝

시장에서 도착한 꽃과 소재는 물을 올릴 수 있도록 다듬어야 합니다. 이 과정을 '컨디셔닝'이라고 합니다. 꽃으로 작품을 만들기 전에 반드시 필요한 과정입니다. 샤먼트 장미(꽃)와 유칼립투스(소재)로 컨디셔닝 법을 소개합니다.

◎ 꽃 컨디셔닝

| 1 | 2 | 4 |
| 3 | | |

1. 샤먼트 장미의 잎과 가시를 제거한다. 가시가 굵고 잎이 큼직한 꽃은 바닥과 직각이 되게 든 다음, 꽃칼로 위에서 아래로 톡톡 쳐서 가시와 잎을 제거한다. 이때 줄기가 칼에 다치지 않도록 주의한다. (꽃칼 사용)
2. 꽃잎처럼 생긴 가시 제거기를 반으로 접어 줄기를 훑어 제거한다. (가시 제거기 사용)
3. 꽃의 줄기는 최대한 가위의 각을 크게 해 단면이 넓도록 사선으로 자른다.
4. 물에 들어가는 부분의 가시와 잎을 모두 제거한 후 물에 담가 준비한다.

◎ 소재 컨디셔닝

| 1 | 3 |
| 2 | |

1. 유칼립투스를 사용할 길이만큼 잘라준다.
2. 소재는 꽃보다 물을 올리는 능력이 약하다. 가지를 십자로 잘라주거나 자르는 단면을 크게 해야 한다.
3. 물이 닿는 부분의 잎은 제거하고 물에 담가 준비한다.
*물이 닿는 부분에 잎이 남아 있으면 꽃과 소재가 썩을 수 있다.

CHAPTER
1
*Gift*

누군가에게
행복을 선물하는 꽃

# 01

*Panier*

빵을 담듯 탐스럽게

# 꽃바구니

/

프랑스에서는 바구니에 빵(panier)을 담아 운반하거나 보관해요.
바구니에 빵을 담듯 꽃을 가득 담아보면 어떨까요?
바구니에 소담하게 꽃을 담으면 한결 탐스럽게 보이지 않을까요?

**사용한 꽃**
왼쪽 위부터 시계방향으로 줄헤드라(아이비), 심포니, 케이라 장미, 파블로(유칼립투스),
사루비아, 줄리엣 장미, 카라, 샤먼트 장미, 히아신스

**부재료**
손잡이가 있는 꽃바구니, 플로럴폼, OPP필름

## Panier

1. OPP필름을 깔아준 바구니에 플로럴폼을 넣고 여러 방향으로 줄헤드라를 자연스럽게 꽂는다.
2. 송이가 가장 큰 줄리엣 장미 두 송이를 높이 차이가 나게 비스듬히 꽂아준다.

1
―
2

## How to make

3. 카라, 히아신스, 케이라 장미를 바구니 여백에 흘러내리듯 배치하고 사이사이에 유칼립투스와 사루비아를 넣어준다.
4. 비어 있는 바구니 중앙 부분에는 송이가 어느 정도 큰 꽃을 꽂는 게 좋다. 높이를 낮추어 샤먼트를 꽂아 비어 보이는 공간을 채운다.
5. 바구니 정면을 정해 심포니가 늘어지도록 매만져 풍성한 느낌을 준다.

|  | 3 |
|---|---|
| 4 | 5 |

플로리스트's tip

카라나 히아신스는 은은히 보이게 비스듬히 꽂으세요. 장미 여러 송이를 겹칠 때에는 높낮이를 다르게 하면 자연스럽게 연출할 수 있어요. 방금 숲속에 들러 꽃을 담아온 것처럼 꽃을 여러 방향으로 꽂아보세요.

# 02

## *Natural bouquet*

자연의 싱그러운 내음을 손안에

# 꽃다발

/

정원에 가득 핀 꽃을 한아름 따서 선물한 것처럼 꽃다발을 만들어보세요.
싱그러움을 가득 담아 소중한 사람에게 선물해보세요.
소중한 이의 품에 자연을 안겨주세요.

**사용한 꽃**
왼쪽부터 은단나무, 자이언트 유칼립투스, 수국, 클레마티스, 돌세토 장미, 디디스커스,
줄아이비, 샤먼트 장미, 향등골, 헬레보루스
**부재료**
라피아 끈, 크래프트지, 리본

## Natural bouquet

1. 수국 사이에 돌세토 장미와 향등골이 오게 잡는다. 이때 향등골은 조금 높게 끼워 넣는다.
2. 샤먼트 장미가 가장 높이 오게 더해 잡는다.
3. 자이언트 유칼립투스를 사이사이에 끼우며 꽃다발을 잡는다.

| 1 | 2 |
|---|---|
| 3 | |

## How to make

4. 은단나무 열매를 더해 잡는다. 은단나무 열매는 중간 이후에 추가하는 게 좋다. 처음부터 잡으면 자칫 다른 꽃에 가려 안 보일 수도 있다.
5. 위에서 보았을 때 동그란 모양이 되면 꽃다발의 정면을 정한다.
6. 포인트가 되어줄 클레마티스와 헬레보루스가 정면에서 보이게 넣어 묶어준다.

|   | 4 |   |
|---|---|---|
| 5 |   | 6 |

 플로리스트's tip

수국 안의 색감이 뭉치지 않도록 주의하여 잡으세요. 은단나무 열매나 향등골 등 작은 꽃은 다른 꽃보다 높이 오면 좋아요. 처음부터 작은 꽃을 잡으면 다른 꽃에 밀려 높이가 내려갈 수 있으니 주의하세요.

# 03

## *Simply moment*

우아하고 정갈하게

# 라운드 어레인지먼트

/

사각 화기에 장미를 중심으로 라운드 어레인지먼트를 했습니다.
모든 플라워 클래스의 기초로 다루는 라운드 어레인지먼트는 격식 있는 장소에 어울리는 작품을
간단하게 만들 수 있습니다. 센터피스(center piece, 식탁 중앙 장식물)로도 좋습니다.

**사용한 꽃**
왼쪽 위부터 시계방향으로 호프, 주에나 장미, 스위트피, 파블로(유칼립투스), 스카비오사, 라벤더(꽃)
**부재료**
사각 화기, 플로럴폼, 오아시스 칼(혹은 커터 칼)

## Simply moment

1. 플로럴폼을 화기보다 조금 더 높게 설치하고, 모서리를 오아시스 칼로 잘라낸다.
   면적이 넓어져서 꽃을 옆부분까지 꽂을 수 있다.
2. 호프를 눕혀 꽂은 다음, 화기 높이만큼 자른 주에나 장미를 정중앙에 수직으로 꽂는다.
3. 꽂았을 때 반원 모양이 되도록 주에나 장미를 꽂되, 매끄러운 반원 모양이 되도록
   두 번째와 네 번째 장미의 높이를 신경 써서 꽂는다.
4. 반원을 가로지르게끔 또다시 반원 모양으로 꽂는다. 위에서 보았을 때 십자 모양이 되어야 한다.

| 1 | 2 |
|---|---|
| 3 | 4 |

## How to make

5. 남은 여백에 주에나 장미를 부채꼴로 꽂아주고 장미보다 높게 라벤더, 스카비오사, 호프를 더해준다.
6. 사방에 주에나 장미를 꽂고 자잘한 꽃은 키를 높여 자연스러운 모양을 만든다.
7. 파블로나 라벤더 잎을 매만져 플로럴폼을 가려주고 마지막으로 스위트피를 틈틈이 꽂아 포인트를 준다.

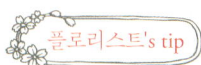
플로리스트's tip

라운드 어레인지먼트를 할 때에는 플로럴폼을 조금 높게 넣어주세요. 장미를 제외한 꽃은 장미보다 조금 더 높게 꽂아주세요. 반원 모양이 잘 보이도록 꽂는 것이 중요해요.

# 04

*Twinkle twinkle*

반 짝 반 짝   따 뜻 하 게

# 스퀘어 어레인지먼트

/

목화, 시나몬 스틱, 자작나무, 솔방울 등
겨울과 어울리는 부재료와 함께 스퀘어 어레인지먼트를 했습니다.
어느 장소에나 잘 어울리고 따스함을 내어 겨울에 선물하기 좋습니다.

**사용한 꽃**
왼쪽부터 램스이어, 수선화, 페이션스 장미, 코치아, 옥스퍼드 스카비오사, 히아신스
**부재료**
시나몬 스틱, 솔방울, 목화, 자작나무 껍질, 플로럴폼, 노끈

# Twinkle twinkle

1. 플로럴폼을 감쌀 수 있도록 자작나무 껍질을 적당한 크기로 자른다.
2. 잘라놓은 플로럴폼을 자작나무 껍질 4장으로 감싸 노끈으로 묶는다.
3. 각 플로럴폼에 시나몬 스틱을 2~3개씩 꽂는다.

## How to make

4. 시나몬 스틱 옆에 코치아를 세워주되, 코치아가 시나몬 스틱보다 좀 더 높게 세워준다.
5. 송이가 가장 큰 페이션스 장미를 중앙에 비스듬히 꽂는다.
6. 페이션스 장미 옆에 램스이어를 어우러지게 꽂는다.

## Twinkle twinkle

7. 일자로 자른 히아신스를 빈 곳에 넣어준다.
8. 솔방울은 22번 와이어로 와이어링해 사용한다.
9. 코치아와 시나몬 스틱이 있는 부근과 가장자리에 솔방울을 꽂아준다.
10. 22번 와이어로 와이어링한 목화를 생화 사이에 넣어 꽃처럼 연출한다.

## How to make

11. 옥스퍼드 스카비오사를 조금 높게 꽂아 흰색 색감에 포인트를 준다.
12. 일자로 자른 수선화는 마지막에 빈자리를 찾아 포인트로 넣어준다.

11
12

플로리스트's tip

스퀘어 어레인지먼트는 가장자리도 중앙 못지않은 높이가 되도록 신경 써서 꽂아주어야 해요.
히아신스, 옥스퍼드 스카비오사, 수선화 등은 쉽게 부러지니 꽂을 때 특히 주의하세요.

# 05

## *Wrap a flower*

### 한 송이여도 충분한
# 한 송이 포장

―

한 송이라서 더 예쁘고 의미 있을 수 있어요.
송이가 큰 꽃은 한 송이만으로도 깊은 인상을 줄 수 있거든요.
간단하고 멋스러운 한 송이 포장 방법입니다.

**사용한 꽃**
다알리아(작약, 수국 등 송이가 큰 꽃)
**부재료**
크래프트지, 샤무드 끈

## Wrap a flower

1. 다알리아를 크래프트지에 놓았을 때 한 뼘 정도 공간을 두고 자른 종이 2장을 준비한다.
2. 2장을 겹쳐 중앙에 꽃을 놓고 바람을 넣듯이 말아 구긴다. 구김을 줄 때 볼륨감이 생기도록 신경 쓴다.

1 | 2

## How to make

3. 샤무드 끈으로 꽉 조여 리본을 묶는다.

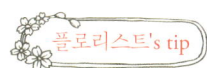플로리스트's tip

송이가 큰 꽃인 장미, 다알리아, 작약, 수국, 아마릴리스, 해바라기 등이 한 송이 포장에 적합합니다. 꽃의 색이 화려할수록 종이나 리본 등 포장 자재는 무채색 계열을 사용하는 게 좋습니다. 대비로 인해 꽃이 더욱 돋보이거든요.

# 06

*Flat basket*

삐죽삐죽 들쑥날쑥
## 프렌치 꽃바구니

바닥이 편평한 사각 바구니에 프렌치 스타일링으로 꽃을 담았습니다.
삐죽삐죽 나온 꽃이 인위적이지 않아 더 스타일리시해요.
사각 바구니와 대비되게 들쑥날쑥하게 어레인지하세요.

**사용한 꽃**
왼쪽 위부터 좌우로 설유화, 수국, 화이트 잉글리시 로즈, 페일 핑크 로즈, 헬레보루스, 레이스 장미,
화이트 마조리카 장미, 아스그레피아스, 클레마티스, 페니쿰, 블루베리, 작약, 스카비오사
**부재료**
사각 꽃바구니, 플로럴폼

## Flat basket

1. 설유화를 자연스럽게 눕혀 꽂고, 곁가지를 잘라놓은 수국을 두 묶음으로 나누어 바구니 높이만큼 꽂는다.
2. 마치 수국 안에서 장미가 자라난 것처럼 잉글리시 로즈를 수국에 꽂는다.
3. 반대쪽 여백에 바구니 높이만큼 작약을 꽂아준다.

| 1 | 2 |
|---|---|
| 3 | |

## How to make

4. 중앙에 장미 두 송이를 꽂아 중심을 잡아주고 설유화, 블루베리, 아스그레피아스 등을 사이사이에 꽂아준다.
5. 레이스 장미와 화이트 마조리카 장미를 가장자리에 비교적 길게 꽂아주고 페니쿰은 높이 세워준다.
6. 바구니의 정면을 정하고 헬레보루스와 클레마티스를 보기 좋게 꽂아 완성한다.

| 4 | |
|---|---|
| 5 | 6 |

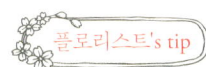

바구니 모양이 사각형이므로 가장자리가 높고 중앙이 낮아야 전체적으로 균형 있는 형태로 완성할 수 있어요. 작은 꽃은 가장자리에 높이 올라오게 꽂아주세요. 중앙에 꽃을 꽂을 때에는 높이를 조금 낮추어주세요. 그래야 균형이 잡혀 올망졸망한 느낌으로 프렌치 꽃바구니를 완성할 수 있어요.

# 07

*Flower box*

한 아름 꽃을 담아
## 플라워 박스

---

상자에 꽃을 담는다니 생소하시죠?
종이상자는 생각보다 공기가 잘 통해서 꽃이 쉬이 시들지 않아요.
또 무게도 가볍답니다. 상자를 열었을 때 눈과 마음이 즐거워지는 건 말할 것도 없고요.

**사용한 꽃**
왼쪽부터 레몬트리(비브리움), 다알리아, 헬레보루스, 핑크 하트 장미, 부추꽃, 프레시 아이 장미,
핑크 이리스카 장미, 사루비아, 클레마티스, 낙상홍
**부재료**
상자, OPP필름

## Flower box

1. OPP필름이나 비닐을 깔고 플로럴폼을 넣은 박스에 레몬트리를 자연스럽게 듬성듬성 꽂는다.
2. 다알리아를 중앙에 비스듬히 꽂고 그 옆에 사루비아를 꽂는다.
3. 핑크 하트 장미와 핑크 이리스카 장미를 꽃봉오리와 함께 가장자리에 꽂고, 송이가 큰 꽃 사이사이에 낙상홍과 사루비아를 넣어준다.

| 1 | 2 |
|---|---|
| 3 | |

## How to make

4. 빈 공간이 널찍하면 프레시 아이처럼 송이가 큰 장미를, 좁으면 낙상홍 열매를 넣어준다.
5. 헬레보루스를 잘라 다양한 방향으로 꽂아준다.
6. 클레마티스와 클레마티스 잎을 자연스럽게 꽂아 마무리한다.

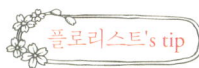플로리스트's tip

박스는 쉽게 젖으니 비닐을 2장 이상 깔아주는 게 좋습니다. 꽃을 꽂을 때에는 다양한 각도로 틀어서 꽂아야 합니다. 일정하게 꽂으면 좁고 답답한 인상을 줄 수 있거든요.

# 08

## *Rose bouquet*

플라워 클래스의 첫 수업

# 장미 꽃다발

---

꽃을 배우면 다른 이에게 꽃 선물을 하고 싶어져요. 가장 먼저 떠오르는 게 꽃다발이 아닐까요?
꽃다발은 핸드타이드 기법 중 스파이럴 기법으로 꽃을 잡아야 합니다.
장미는 줄기가 튼튼하고 모양이 잘 나와서 스파이럴 기법을 익히기에 좋아요.

**사용한 꽃**
주에나 장미 20송이
**부재료**
라피아 끈, 리본

**Rose bouquet**

1. 한 기점을 잡고 한쪽 방향으로 꽈배기처럼 꼬아주는데, 먼저 바인딩 포인트(잡는 부분)를 정하고 가장 줄기가 곧고 송이가 큰 장미 두 송이를 X자로 겹친다.
2. 송이는 제일 위로, 줄기는 제일 뒤로 가도록 한 송이씩 더해 잡는다.
3. 송이가 크고 줄기가 곧은 장미를 사용하되, 장미 사이에 생기는 틈에 걸맞은 장미를 골라 넣는다.
4. 어느 정도 장미를 잡았으면 위에서 형태를 확인해본다. 원형을 만들며 잡는다.

| 1 | 2 |
|---|---|
| 3 | 4 |

## How to make

5. 위에서 봤을 때 원형이어야 꽃다발 모양이 예쁘다.
6. 바인딩 포인트를 라피아 끈으로 꽉 묶는다. 너무 세게 잡아당기면 끈이 끊어질 수 있으니 주의한다.
7. 줄기를 일자로 자른다.

한 번 정한 바인딩 포인트는 바꾸지 마세요. 처음에 정한 포인트에서 잡고 움직이는 게 중요해요. 손에 힘은 처음에만 주고 꽃을 더할수록 서서히 힘을 빼며 손가락을 하나씩 떼세요. 꽃다발을 오래 잡으면 줄기에 열이 생겨 빨리 개화하므로 찬물에 담가두었다가 포장하는 것이 좋아요.

# ESSAY

## 소중한 이에게
## 　　꽃을 선물해보세요

누군가에게 꽃을 손수 선물한 건 대학에 재학 중이었을 때이다. 각종 기념일이면 캠퍼스에서 꽃을 들고 있는 학우가 자주 눈에 띄었다. 한 송이 꽃이든, 한 아름 꽃다발이든 모두 행복한 표정이었다. 그래서인지 내게 꽃 선물은 '일상의 행복'이라는 느낌으로 기억된다.

바쁜 생활을 보내면서도 꽃을 배워보자고 결심했던 가장 큰 이유는 마음의 여유를 찾고 싶어서였다. 그리고 소소한 이유는 누군가에게 자주 선물해주고 싶은 마음이었다. 직접 고른 꽃으로 원하는 모양을 만들어 소중한 사람에게 선물하기, 그렇게 의미 있는 마음을 전하고 싶었다. 그래서 꽃을 이제 막 배우던 시절, 친구들을 모아 꽃시장에 가서 직접 '어버이날맞이 꽃바구니'를 만들기도 했다. 친구들에게도 꽃 선물을 하는 기쁨을 알려주고 싶어서 말이다.

직접 내가 고른 꽃으로 원하는 대로 만들어 누군가에게 선물한다는 것, 받을 대상을 정해두고 잡고 꽂아보는 꽃에는 아직도 마음이 실린다. 그게 오래된 내 학생이든, 혹은 가족이든, 친구들이든 누군가를 생각하고 만드는 꽃은 언제나 온통 그 사람이어서 설레고 행복하다.

이 책을 읽는 분들도 꽃을 배우면 가장 처음하고 싶은 일은 누군가에게 선물을 주는 일 거라 생각했다. 그래서 첫 장을 선물할 수 있는 꽃으로 꾸며보았다. 아마 베이킹, 캔들, 쿠킹 어느 취미가 그렇듯이 마음을 나누는 따뜻한 일들은 뭐든 더 동기부여가 되고 언제나 도움이 필요하다. 내게 꽃의 첫 목표가 그랬듯이 선물을 하는 누군가는 이 글을 읽으며 내내 유용하다고, 도움이 되었다고 느끼는 시간이 되면 좋겠다. 두고두고 보면서 만들어보고 함께해볼 만큼, 시간이 지나도 도움이 되는 이야기였으면 좋겠다.

소중한 누군가에게 꽃을 선물해보자. 꽃을 만지는 동안 상대가 기뻐할 모습을 상상하면 설레고 행복할 것이다.

## CHAPTER 2

*Home Styling*

---

# 집 안 곳곳의
# 분위기를 바꾸는 꽃

# 09

## *Cotton candy vase*

### 분홍색으로 로맨틱하게
# 솜사탕 꽃병

/

꽃병에 수국을 가득 담아 마치 솜사탕처럼 어레인지했어요.
공간에 로맨틱한 분위기를 불어넣고 싶을 때 좋습니다.

**사용한 꽃**
왼쪽 위부터 모네 장미, 핑크 이리스카 장미, 옥스퍼드 스카비오사, 오로라 장미,
프레시 아이 장미, 핑크 레이스 장미, 수국(2대, 사진 아래)
**부재료**
유리 꽃병

## Cotton candy vase

1. 수국 한 대에 프레시 아이 장미와 오로라 장미를 중간에 꽂듯이 잡는다.
2. 수국과 장미 사이사이에 옥스퍼드 스카비오사를 조금 더 높게 잡는다.
3. 수국 일부를 잘라 꽃병에 넣는다. 준비한 꽃의 절반으로 꽃다발을 만든다. 이때 꽃다발 높이가 꽃병의 1.5배 정도가 되게 줄기를 자른다.

| 1 | 2 |
|---|---|
| 3 | |

## How to make

4. 꽃다발 양쪽으로 번갈아가며 송이가 큰 꽃을 꽃병 반대쪽 벽에 밀면서 꽂는다.
   그래야 균형이 맞아 꽃병이 넘어지지 않는다.
5. 중간중간 잘라놓은 수국을 조금씩 넣어준다.
6. 옥스퍼드 스카비오사를 조금 높게 얹어 꽂아 색감에 포인트를 준다.

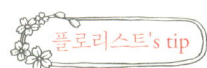

꽃다발을 크게 잡아주면 꽃병 꽂이가 쉽지만 자칫 덩어리진 인상을 줄 수 있습니다. 준비한 꽃의 절반만 사용해 꽃다발을 만드는 것이 좋아요. 나머지는 꽃병에 꽂아가며 완성해나가세요. 꽃병의 물속에 넣은 수국 줄기는 꽃병 물을 갈아줄 때마다 함께 씻어주세요.

# 10

*Hey, bird*

새 장  안 을  다 채 롭 게

# 새장 어레인지먼트

새장에 삐죽삐죽 담긴 꽃들을 보면 마치 숲속에 와 있는 기분입니다.
새 대신 꽃들이 올망졸망 가득 찬 빈티지한 느낌의 새장을 집에 둔다면
아주 색다른 분위기를 느낄 수 있겠죠?

**사용한 꽃**
왼쪽부터 수국, 목화, 수입 거베라, 테디베어 해바라기, 오미자, 샤먼트 장미, 애정목, 리시안셔스, 샌더소니아
**부재료**
플로럴폼, 새장, 오아시스 테이프, U핀

## Hey, bird

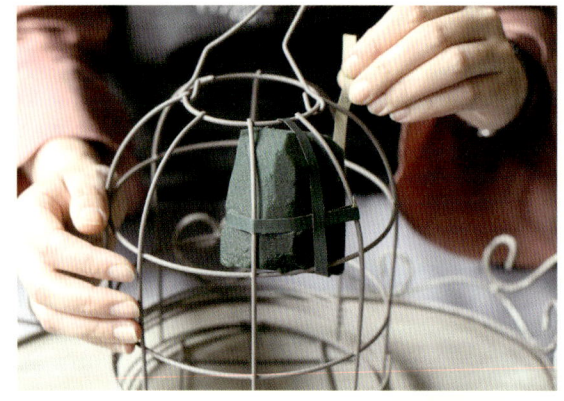

1. 새장 상단에 오아시스 테이프로 플로럴폼을 고정한다.
2. 아래쪽에 들어갈 수국을 U핀으로 고정해 플로럴폼에 꽂는다.
3. 상단에 고정한 플로럴폼도 수국으로 감싸준다.

| 1 | 2 |
|---|---|
| 3 |   |

## How to make

4. 테디베어 해바라기를 새장 안으로 꽂는다.
5. 수국에서 피어난 듯 샤먼트 장미를 꽂아준다.
6. 눈에 잘 띄도록 거베라를 보기 좋게 어레인지한다.

## Hey, bird

7. 사이사이에 애정목을 넣어 입체감을 준다.
8. 오미자, 목화 등을 잘 보이는 위치에 넣어준다.

| 7 |
|---|
| 8 |

## How to make

9. 줄맨드라미를 새장 아래에 눕혀 자연스럽게 흘러내리게 어레인지한다.
10. 새장 맨 위에 샌더소니아를 바람에 날리는 듯한 모양새로 꽂는다.

새장 어레인지먼트에서는 높낮이가 매우 중요합니다. 가는 꽃을 높이 꽂아야 해요. 이때 방향에 신경 쓰면 더욱 작품이 아름다워집니다.

# 11

*Fresh days*

### 새콤하고 상큼하게
# 프레시 어레인지먼트

유럽에서는 차를 마실 때에나 식사를 할 때 테이블 위에 꽃을 올려놓습니다.
꽃과 함께 과일과 채소를 어레인지하면 더욱 상큼하고 신선한 인상을 줄 거예요.
플로럴폼을 채소나 과일로 감싸는 게 포인트예요.

**사용한 꽃**
왼쪽부터 시계방향으로 밤, 왁스플라워, 줄아이비, 잎안개,
치자나무 열매, 향등골, 케리 장미, 핫 핑크 장미, 심포니(핑크), 다알리아
**부재료**
플로럴폼, 오아시스 테이프, U핀, 새송이버섯

**Fresh days**

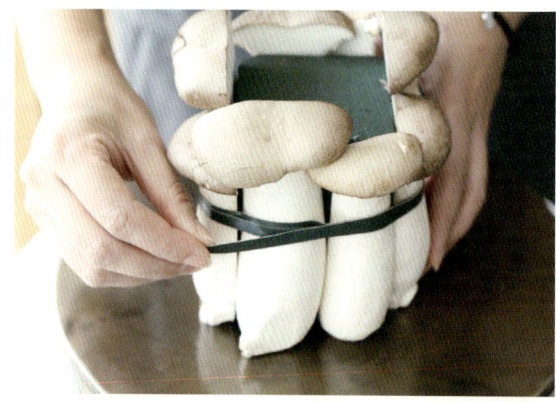

1. 플로럴폼 한 개를 세로로 이등분한 새송이버섯으로 감싸고 오아시스 테이프로 고정해준다. 새송이버섯으로 화기를 만들었다.
2. 송이가 큰 다알리아를 꽂고 그보다 조금 높게 향등골을 꽂는다.
3. 핫 핑크 장미를 높낮이 다르게 꽂아주고 심포니를 조금 높게 꽂는다. 이때 같은 방향으로 꽂되 가장자리 모서리가 높게끔 꽂아야 한다.

| 1 | 2 |
|---|---|
| 3 | |

## How to make

4. 새송이버섯 사이사이에 케리 장미를 꽂아 새송이버섯으로 둘러싼 화기의 바깥부분을 꾸며준다. 이때 개화 정도가 다른 꽃을 사용하면 좋다.
5. 빈 공간을 채우듯이 치자나무 열매를 꽂는다.
6. 송이가 큰 꽃 사이에 잎안개를 넣어 꽃이 뭉치지 않도록 한다.

| 4 | |
|---|---|
| 5 | 6 |

**Fresh days**

7. 높이가 낮아 보이는 가장자리에 케리 장미로 높이감을 주고, 심포니의 곡선을 살려
 자연스럽게 안에서 바깥으로 나가듯이 꽂아준다.
8. 왁스플라워를 꽂아 새송이버섯으로 만든 화기 사이사이를 장식해준다.

## How to make

9. 오아시스 테이프에 줄아이비를 두르고 U핀으로 고정한다.
10. 밤을 올려 어레인지먼트를 완성한다.

9
10

프레시 어레인지먼트에서는 사방 모서리를 예쁘게 올리는 게 중요해요. 다채로운 색감의 열매와 채소가 상큼하게 어우러지도록 해주세요. 플로럴폼은 새송이버섯 대신 아스파라거스, 당근, 시나몬 스틱, 고추, 대파, 옥수수 등으로 대체해 감싸도 좋아요. 계절에 어울리는 재료로 만들어보세요.

# 12

*En pot*

아뜰리에 슈크레의 시그니처

## 토분 어레인지먼트

흙에 심은 꽃을 화분에 옮겨 담은 듯 연출해 토분에 어레인지합니다.
아뜰리에 슈크레의 시그니처 아이템입니다. 토분에 꽂으면 생화가 더 오래갑니다.

**사용한 꽃**
왼쪽부터 시계방향으로, 샤먼트 장미, 자리공, 까치밥, 니겔라, 수국, 코스모스, 조, 헬레늄, 애정목, 시크릿 장미
**부재료**
토분, 플로럴폼

## En pot

1. 플로럴폼을 설치한 토분에 자리공 몇 대를 잘라 꽂고 수국을 둘로 나누어 토분과 비슷한 높이로 꽂는다.
2. 땅에 심은 장미가 피어난 것처럼 시크릿 장미를 모아 꽂아준다.
3. 낮은 위치에 샤먼트 장미를 모아 꽂고 사이사이에 조를 꽂아준다.

| 1 | 2 |
|---|---|
| 3 | |

## How to make

4. 시크릿 장미와 샤먼트 장미를 모아 꽂고 사이사이에 까치밥을 넣어준다.
5. 헬레늄은 높이 올라오게 세워준다.
6. 정면을 정한 후 마지막으로 코스모스를 꽂아 완성한다.

플로리스트's tip

전체적으로 플랫형 어레인지먼트예요. 다양한 식물을 한 그릇에 실제로 심은 것처럼 높이를 조금씩 다르게 꽂는 것이 포인트예요. 정원에서 방금 옮겨 담은 것처럼 모종삽을 함께 놓아도 좋습니다.

# 13

*Milk jug flower*

밀크저그가 생각나는

# 틴케이스 어레인지먼트

---

빈티지 저그와 틴케이스에 꽃을 담으면 꽃이 더욱 돋보입니다.
테이프로 틀을 만들어주는 그리딩을 연습할 수 있는 어레인지먼트입니다.

**사용한 꽃**
왼쪽부터 나비 수국, 마르틴 장미, 라벤더(꽃), 핑크 레이스 장미, 스모그 트리
**부재료**
틴케이스, 절연 테이프

# Milk jug flower

1. 틴케이스에 물을 채운 후 절연 테이프로 그물모양의 그리드를 만든다.
2. 틴케이스 높이만큼 다듬은 보라색 장미를 중앙에 비스듬히 꽂고 스모그 트리는 조금 더 높게 꽂는다.
3. 중앙에서 가장자리로 퍼지듯 나비 수국과 핑크 레이스 장미를 꽂아준다.

|   | 1 |   |
|---|---|---|
| 2 |   | 3 |

## How to make

4. 틴케이스를 돌려가며 가장자리에 꽃을 꽂되, 중앙보다 높이를 낮게 잡아 라운드 형태가 되도록 한다.
5. 라벤더는 일자로 잘라 조금씩 나누어 잡고 꽃이 뭉친 부분에 높게 꽂아준다.

| 4 |
|---|
| 5 |

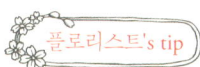
플로리스트's tip

라벤더, 스모그 트리가 다른 꽃보다 높게 올라오도록 주의해주세요. 그리딩 작업을 한 후에는 물갈이가 쉽지 않으니 작업 전에 틴케이스를 충분히 헹구어주세요.

# 14

## *Gardening I - My herb garden*

### 가드닝의 첫걸음
# 허브 어레인지

---

허브는 가드닝에서 빼놓을 수 없을 만큼 기본입니다. 실용적이고 향도 좋아 많은 사람이 좋아하지요.
하지만 어떻게 하면 예쁘게 심을 수 있을지 고민하는 사람이 의외로 많습니다.
가드닝의 첫걸음으로 허브 어레인지에 도전해보세요.

**사용한 꽃**
왼쪽부터 피나타 라벤더, 로즈마리, 애플민트
**부재료**
화분망, 토분, 배양토, 마사토, 모양 돌, 현무암, 장갑, 원예용 삽

# Gardening I - My herb garden

1. 토분에 화분망을 깔고 마사토를 1/3 정도 채운다. 마사토는 물 빠짐이 원활해 허브와 잘 맞다.
2. 분화 상태로 로즈마리, 라벤더, 애플민트를 토분에 넣어보고 높이를 재어본다. 높낮이를 조절하며 디자인해본다.

$\dfrac{1}{2}$

## How to make

3. 허브를 옮겨 심을 때에는 위에서 들지 말고 비스듬히 기울여 아랫부분을 살살 눌러 조심스레 분리해야 뿌리가 상하지 않는다.
4. 높낮이를 맞추어 3개의 화분을 토분에 놓고 배양토를 넣는다. 흙을 꼭꼭 누르면 뭉칠 수 있으니 바닥을 툭툭 쳐서 고르게 심는다.
5. 마지막으로 현무암과 모양 돌을 올려준다. 미적 효과도 있을 뿐 아니라 물을 주었을 때 흙이 넘치지 않도록 해준다.

| 3 | |
|---|---|
| 4 | 5 |

# 15

## *Gardening II - Flashy plant*

### 가드닝의 기초
# 다육식물 어레인지

/

기르기 쉬운 다육식물은 최근 북유럽 스타일 실내 가드닝으로 인기 있어요.
간단하고 차분한 분위기로 다육식물을 심어보았습니다.

**사용한 꽃**
다육식물 7종
**부재료**
마사토, 모종삽, 오각형 화분

# Gardening II - Flashy plant

1. 화분에 마사토를 적당히 담는다. 마사토는 진흙이 섞여 있을 수 있으므로 반드시 씻어서 말린 후에 사용해야 한다.
2. 화분에서 다육식물 모종을 빼 흙을 털어낸 다음 삽으로 틈을 만들어 심는다. 마사토를 덮어 고정한다.
3. 다육식물 간 거리는 너무 가까워도, 너무 멀어도 안 된다. 적당한 간격으로 마사토에 세우듯이 심는다.

| 1 | 2 |
|---|---|
| 3 | |

## How to make

4. 뿌리에 묻은 흙은 살살 털어준다. 뿌리를 잘못 건드리면 뿌리가 상할 수 있다.
5. 보기 좋게 자유롭게 심는다. 다양한 모종으로 취향대로 디자인해보자.

4
5

플로리스트's tip

다육식물은 수분을 오래 머금는 식물입니다. 여름에는 열흘, 겨울에는 1주일 간격으로 물을 주면 적당합니다. 구멍이 없는 화분에 심었다면 분무기로 적은 양의 물을 주어야 합니다. 또한 햇빛이 강하게 드는 곳에 두는 게 좋아요. 진드기에 약하니 주의하세요.

# 16

*Fleur et corounne*

청량감이 가득
## 리스 센터피스

---

싱그러운 여름에 어울리는 시원한 색감으로 만든 생화 리스입니다.
리스를 놓고 안에 초를 세우면 저녁 만찬에 잘 어울립니다.
수국 분절과 모양이 다른 꽃을 어우러지게 어레인지하는 게 포인트예요.

**사용한 꽃**
위부터 줄헤드라, 페니쿰, 심포니, 페퍼민트, 주에나 장미, 스카비오사, 신지메, 겹설유화, 수국, 여름 라일락
**부재료**
링 플로럴폼

# Fleur et corounne

1. 줄헤드라를 링 플로럴폼 가장자리에 둘러가며 안에서 바깥으로 꽂는다.
2. 수국을 조금씩 나누어 링 플로럴폼을 둘러가며 꽂는다. 이때 수국은 반드시 일자로 잘라주어야 한다.
3. 링 플로럴폼 중앙에 주에나 장미를 비스듬히 꽂는다.

| 1 | 2 |
|---|---|
| 3 | |

## How to make

4. 주에나 장미를 빙 둘러 꽂되, 사이사이에 겹설유화와 신지메를 함께 넣어 뭉쳐 보이지 않게 한다.
5. 민트는 다른 꽃보다 조금 높게 꽂아 향과 생김새가 드러나게 한다.

# Fleur et corounne

6. 여름 라일락은 옆으로 눕혀 꽂아준다.
7. 스카비오사는 땅에서 피어오른 것처럼 자유로운 방향으로 꽂는다.

## How to make

8. 빈 공간에 페니쿰을 꽂아 채워준다.
9. 마지막으로 심포니를 채워 넣는다.

8
9

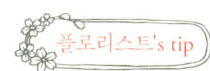

리스의 원형 프레임이 해치지 않게 꽂아야 해요. 송이가 너무 큰 수국을 사용하면 리스 모양을 해칠 수 있으니 주의하세요. 전체적으로 청량한 색감으로 어레인지하세요.

# ESSAY

# 꽃이 있는 일상,
## 꽃이 피는 순간

자주 듣는 질문이 몇 가지 있다. 가장 많이 받는 질문은 "가장 좋아하는 꽃은 무엇인가요?"이고 그다음으로 많이 받는 질문은 "집에 꽃이 가득한가요? 매일 꽃이 끊이지 않겠어요."이다. 첫 번째 질문에 대한 답은 계절에 따라 달라서 하나만 꼽을 수 없어 곤란하고, 두 번째 질문에 대한 답은 너무 당연해서 대답에 주저한다.

나는 꽃 수업이 있는 날이면 그날 수업에서 만든 작품을 들고 귀가한다. 그리고 집에 들어서는 순간부터 "이건 무슨 꽃이니?" 하며 관심을 보이시는 부모님 덕분에 계절이 바뀔 때마다 다른 꽃을 들고 귀가하는 경우가 많다. 매번 그때마다 들고 오는 꽃 작품을 받아들고 즐거워하시며 집안 곳곳에 놓아두시는데 언제나 딸을 지지해주시는 마음이 전해져서 든든하다. 딸이 좋아하는 꽃을 함께 좋아해주시는 부모님께 항상 감사하다.

사회생활을 하며 저녁에 꽃을 만지며 마음의 안정을 찾던 내가 본격적으로 플로리스트가 되겠다고 했을 때 부모님께서는 반대하셨다. 공부만 했던 딸이 사회생활에 지쳐 잠시 흔들려서 하는 말이라 여기셨기에, 그 꿈을 이해해주시길 바라며 한참을 설득했다. 그 당시에는 부모님께서 지금처럼 나의 꽃들을 이토록 함께 좋아해주실 줄 몰랐다.

그렇게 나의 집 곳곳에는 언제나 꽃이 있다. 한가로이 집에서 휴식을 취하는 날이면 집에 놓인 꽃 덕분인지 알록달록한 생기가 돌아 어쩐지 힘이 나는 것 같다. 꽃 수업을 마치고 학생들이 만들어가는 꽃들도 아마 학생들 집에 이렇게 생기를 불어넣지 않을까?

셀프 인테리어가 유행인 것처럼 꽃으로 혼자 스타일링을 하고자 하는 사람들 또한 많다. 가장 자주 듣는 질문이 '꽃을 오래 보관하는 방법'이다. 예쁜 꽃을 되도록 오래 보고 싶어 하는 마음 때문일 것이다. 싱싱하게 좀 더 오래 꽃을 관리하려면 제법 손이 많이 간다. 아무리 잘 관리해도 언젠가 꽃은 시들기 마련이지만 져버릴 꽃이기에 더 아름답게 느껴지는 것 아닐까?

집 안에 꽃을 놓아두어보자. 바쁜 일상에 자그마한 기쁨을 안겨줄지도 모른다. '오늘은 꽃봉오리가 조금 열렸네?', '내일은 좀 더 피어날까?' 하며 하루하루 예쁜 꽃을 들여다보면 어떨까? 계절이 바뀌는 줄도 모르고, 푸르른 하늘 한 번 올려다볼 틈도 없이 바쁜 현대인들에게 조금 더 사랑스러운 하루, 즐거운 순간이 될 것이다. 꽃이 주는 '쉬어감'을 느껴보자.

CHAPTER
3
*Party & Wedding*

꽃으로 꾸미는
파티와 웨딩 스타일링

# 17

## *Unbalanced time*

들 쑥 날 쑥 해 서   더   예 쁜

# 비대칭 센터피스

---

양쪽의 폭과 길이감이 다른 불균형 센터피스로 외국 잡지나 해외 웹사이트에서 흔히 볼 수 있습니다.
파티, 웨딩 등 특별한 자리에 두면 더욱 빛나는 아이템이랍니다.
크기를 조절해서 만들어보세요.

**사용한 꽃**
왼쪽부터 옥스퍼드 스카비오사, 다알리아, 애정목, 리시안셔스, 향등골, 레이스 장미 1, 레이스 장미 2,
미선나무, 아마란스, 아스그레피아스, 여름 라일락

**부재료**
플로럴폼, 컵 모양 틴케이스, 오아시스 테이프, 오아시스 칼

## Unbalanced time

1. 플로럴폼 데블링(면 잘라내기) 후 오아시스 테이프를 십자로 붙여 화기에 폼을 고정해준다.
2. 미선나무로 자연스럽게 라인을 잡아준다.
3. 중앙에 다알리아를 겹쳐 꽂아준다.
4. 좌우의 미선나무 라인을 따라 리시안셔스, 레이스 장미를 함께 꽂아준다.

| 1 | 2 |
|---|---|
| 3 | 4 |

## How to make

5. 중앙 여백을 레이스 장미로 채워주고, 사이사이에 애정목과 옥스퍼드 스카비오사를 조금 높게 꽂아준다.
6. 향등골을 중간중간 넣어 색감을 중화시켜준다.
7. 여름 라일락이 늘어지게끔 방향을 잡아 꽂아준다.
8. 비대칭 부분에 아마란스로 포인트를 준다.

| 5 | 6 |
|---|---|
| 7 | 8 |

 플로리스트's tip

비대칭 어레인지먼트 한쪽에 더 가늘고 길쭉한 꽃을 어레인지하세요. 플로럴폼 가까이 중앙에 큰 꽃을 꽂아 정면에서 볼 때 비어 보이지 않게 해주세요.

# 18

## *Aumoniere*

어느 각도에서 보아도 좋은

## 플라워 볼

실내 장식에도 좋고, 야외 예식 부케로도 좋은 프렌치 스타일 플라워 볼입니다.
조금 작게 만들면 화동이 들어도 좋아요. 여러 개 만들어 장식하면 더 예쁩니다.

**사용한 꽃**
왼쪽 위부터 칠자화, 여름 라일락, 아이스 윙 장미, 수국, 마르샤 장미, 줄아이비, 아스그레피아스
**부재료**
볼 플로럴폼, 20번 와이어

## Aumoniere

1. 20번 와이어를 U자로 반 접어 볼 플로럴폼 중앙에 찔러 넣는다.
2. 중앙 고리에 굵은 나뭇가지(장미 줄기)를 잘라 끼우고 와이어를 완전히 넣어준다.
3. 반대쪽에 삐죽 나온 와이어를 잘라 구부려 고리를 만든다.
4. 구부려 만든 고리에 끈을 단다. 플라워 볼 뼈대가 됐다.

| 1 | 2 |
|---|---|
| 3 | 4 |

## How to make

5. 줄아이비를 여러 방향으로 꽂는다. 이때 줄아이비는 잎이 작고 촘촘한 것을 사용한다.
6. 수국을 조금씩 잘라 뭉쳐서 꽂는다. 이때 작은 U핀을 사용한다.

5 | 6

**Aumoniere**

7. 수국으로 볼 플로럴폼을 가려주며 원 모양을 만든다. 빈 곳에 마르샤 장미와 아스그레피아스를 꽂는다. 이때 아스그레피아스는 조금 높게 꽂는다.
8. 아이스 윙 장미를 꽂고 칠자화를 수국과 아이스 장미 윙 사이에 넣어 입체감을 준다.

How to make

9. 정중앙에 라일락과 아이스 윙 장미를 넣어 볼륨감을 더한다.
10. 손잡이 부분에 줄아이비를 넣어 꾸며준다.

9 | 10

수국으로 원 모양을 잘 만드는 것이 포인트예요. 특히 아이스 윙 장미나 마르샤 장미를 넣을 때 원 모양을 해치지 않도록 주의하세요.

# 19

*Chemin de fleurs*

숲길을 축소해놓은 듯한
## 테이블 갈란드

빼곡히 플로럴폼을 붙이지 않아도 간단하고 느낌 있게 테이블 스타일링을 할 수 있습니다.
숲길을 테이블에 축소해놓은 듯 연출했습니다. 숲속 정원에서 식사하는 듯한 기분이 들지도 몰라요.

**사용한 꽃**
(위) 왼쪽부터 스위트피, 헬레보루스, 에델바이스, 마르샤 장미, 스카비오사 시드, 바닐라 장미,
화이트 주얼리(미니 클레마티스), 작약
(아래) 왼쪽부터 광나무, 줄헤드라, 신지메, 치자나무 꽃, 겹설유화
**부재료**
테이블 플로럴폼, 오아시스 칼

## Chemin de fleurs

1. 오아시스 칼로 플로럴폼 모서리를 자른다(데블링 작업).
2. 신지메, 줄헤드라, 광나무 등을 길게 자른 다음 플로럴폼 양쪽에 꽂는다. 이때 좌우에 넓게 벌려가며 꽂는다.
3. 폼 중앙에도 자유롭게 꽂아준다. 먼저 송이가 가장 큰 작약을 비스듬히 꽂는다.
4. 바닐라 장미와 마르샤 장미 등을 지그재그로 꽂아 플로럴폼을 채운다.

| 1 | 2 |
|---|---|
| 3 | 4 |

## How to make

5. 치자나무 꽃과 스위트피를 사이사이에 넣어준다. 겹설유화는 2~3개씩 잡아 높이 꽂아준다.
6. 에델바이스는 일자로 잘라 눈에 띄는 곳에 조심스럽게 넣어 포인트를 준다.
7. 헬레보루스, 화이트 주얼리, 스카비오사 시드도 자유롭게 꽂아준다.

's tip

양쪽으로 꽃을 벌릴 때 지그재그로 꽂아 플로럴폼을 감추는 것이 포인트입니다. 꽃을 길게 꽂으면 플로럴폼의 2배 길이로 만들 수 있어요. 2개를 만들어 대형 테이블을 장식할 수도 있습니다. 남은 꽃은 작은 유리병에 담아 함께 테이블을 스타일링하세요.

# 20

*Corsage*

가슴에 반짝반짝

# 코사지

/

프랑스 파리에서는 특별한 날에 꽃 한 송이를 가슴에 답니다.
와이어링은 하지 않은 채로요. 그러면 꽃을 좀 더 오래 볼 수 있습니다.
와이어링 없이 간단하게 코사지를 만들어볼까요?

**사용한 꽃**
라넌큘러스(노랑), 폰폰 라넌큘러스, 스키미아, 왁스플라워, 붐바스틱 장미, 올리브나무
**부재료**
오아시스 테이프, 리본

## Corsage

1. 노란색 라넌큘러스와 올리브나무를 잡는다. 이때 올리브잎이 라넌큘러스보다 위에 교차되게 올라오도록 한다.
2. 바인딩 포인트를 오아시스 테이프로 묶어준다(코사지 1 완성).
3. 폼폼 라넌큘러스와 스키미아를 겹쳐 잡는다. 이때 스키미아가 잘 보이도록 올려 잡는다.
4. 바인딩 포인트를 오아시스 테이프로 묶어준다(코사지 2 완성).

| 1 | 2 |
|---|---|
| 3 | 4 |

## How to make

5. 붐바스틱 장미와 왁스플라워를 겹쳐서 배치한다. 이때 붐바스틱 장미 봉오리를 함께 잡아 입체감을 준다.
6. 바인딩 포인트를 오아시스 테이프로 묶어준다(코사지 3 완성).
7. 오아시스 테이프로 묶어준 부분이 가려지도록 그 위에 리본을 묶는다(코사지 공통).
8. 코사지 길이에 알맞게 가지를 잘라준다(코사지 공통).

| 5 | 6 |
|---|---|
| 7 | 8 |

# 21

## *Romantic wedding bouquet*

그날의 로맨틱함을 듬뿍 담아

## 웨딩부케

―

요즘은 신부가 직접 웨딩부케를 만들기도 한다고 해요.
간단히 만들 수 있는 웨딩부케를 소개합니다.

**사용한 꽃**
왼쪽부터 클레마티스, 작약(사하라, 로사, 러브참)
**부재료**
오아시스 테이프, 리본

# Romantic wedding bouquet

1. 웨딩부케에 사용하는 꽃의 잎은 모두 제거해야 한다. 작약의 잎을 모두 제거한다.
2. 가장 곧은 작약 한 송이를 기준으로 삼는다.
3. 바인딩 포인트는 손가락 한 마디가 적당하다. 가지를 비스듬히 맨 뒤로 보내며 꽃을 더한다.

| 1 | |
|---|---|
| 2 | 3 |

## How to make

4. 색상이 겹치지 않게 한 송이씩 작약을 더해 잡는다.
5. 위에서 보았을 때 원형인지 확인하면서 빈 공간에 적당한 크기의 작약을 넣어 잡는다.

4 | 5

**Romantic wedding bouquet**

6. 완전한 원형 부케가 완성되면 부케 정면을 정하고, 보기 좋은 위치에 클레마티스를 넣는다. 클레마티스의 잎과 꽃송이를 함께 넣으면 더욱 부드럽게 연출할 수 있다.
7. 바인딩 포인트를 오아시스 테이프로 단단히 묶어준다.

6 | 7

## How to make

8. 두 손으로 모아 쥐어보고 줄기 길이를 가늠해본다.
9. 줄기를 일자로 잘라 다듬어준다.
10. 톤이 비슷한 리본 두 종류를 오아시스 테이프 위에 묶어 가린다. 리본 끝을 잘라 마무리한다.

# 22

## *Grace bouquet*

### 오직 장미로 만든
# 로즈 웨딩부케

유럽 웨딩에서 종종 볼 수 있는 타원형의 부케입니다.
장미는 다른 꽃에 비해 손의 온도에 덜 민감합니다.
장미로 기품 있고 조금은 독특한 부케를 만들어보았습니다.

**사용한 꽃**
왼쪽부터 줄아이비, 장미, 버블검 장미, 핑크 아발란체 장미, 다빈치 장미
**부재료**
오아시스 테이프

## Grace bouquet

1. 송이가 큰 장미 두 송이로 시작한다. 이때 바인딩 포인트는 송이와 최대한 가깝게 잡는다.
   장미를 더할수록 서서히 조여주어야 한다.
2. 한 송이씩 색이 겹치지 않도록 뒤로 보내면서 스파이럴 기법으로 꽃을 잡는다.
3. 바인딩 포인트를 서서히 내리면서 각을 많이 주어 장미를 추가한다.
   좌우 장미를 당겨가며 잡아 타원형이 되도록 한다.

| 1 | 2 |
|---|---|
| 3 ||

## How to make

4. 다빈치 장미를 중간중간 넣어 핑크 톤을 중화시켜준다. 가장 아래쪽에 들어가는 장미는 원을 닫아준다는 느낌으로 각을 크게 틀어서 넣어준다.
5. 오아시스 테이프로 부케를 묶는다.
6. 리본 대신 오아시스 테이프 사이로 줄아이비를 넣어 핸들을 만들어준다.

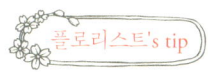
플로리스트's tip

타원형 부케를 만들 때에는 바인딩 포인트가 아주 중요합니다. 처음 잡은 위치가 꽃을 잡을수록 내려온다는 사실을 기억하세요. 장미 각도를 너무 크게 꺾으면 부러지기 쉬우니 주의해주세요.

# 23

## *Vase, vase, vase*

### 작은 병으로 쉽게 완성하는
# 테이블 스타일링

/

유리병에 꽃을 한 송이씩 꽂아 여러 개 모아놓으면 뛰어난 인테리어 효과가 있습니다.
이때 유리병에 꽂는 꽃은 같은 톤이되 질감이 다른 종류가 좋습니다.
유리병 모양과 높이를 다르게 하면 더 재미있는 어레인지가 됩니다.

**사용한 꽃**
왼쪽부터 다알리아, 블랙 뷰티 장미, 아스트란시아, 라넌큘러스,
옥스퍼드 스카비오사, 도미니카 장미, 레드베리

## Vase, vase, vase

1. 도미니카 장미를 거꾸로 들어 병 높이에 맞게 줄기를 잘라 꽂는다.
2. 레드베리는 길고 좁은 병에 꽂되 살짝 휘어진 모양을 고른다.
3. 아스트란시아를 거꾸로 들고 짧은 병 높이에 맞게 잘라 꽂는다.

| 1 | 2 |
|---|---|
| 3 | |

## How to make

4. 다알리아는 일자로 잘라 꽂는다. 옥스퍼드 스카비오사는 병 높이보다 조금 길게 잘라 하늘하늘한 느낌으로 꽂는다.
5. 블랙 뷰티 장미는 봉오리도 함께 꽂으면 더 자연스럽게 연출할 수 있다.
6. 중앙에 놓을 라넌큘러스는 병과 비슷한 높이로 잘라 송이가 잘 보이도록 꽂는다.

| 4 |
|---|
| 5 | 6 |

플로리스트's tip

색감은 비슷하고 질감은 다른 꽃으로 구성해 스타일링하면 더욱 멋스럽습니다. 플로리스트의 손길이 닿은 듯 예쁜 어레인지로 완성할 수 있습니다.

ESSAY

# 사랑을 응원하며
## 오늘도 부케를 만지다

내가 플로리스트, 아뜰리에 슈크레로 인기를 얻은 것은 웨딩부케가 시작이었다. 여러 매체에서 섭외가 오고 리빙 잡지의 인터뷰나 촬영도 종종 하지만 이 또한 시작은 웨딩 잡지였다. 내가 만든 부케가 인터뷰와 함께 잡지에 실리고, 그 한 페이지로 나의 웨딩부케는 신부들 사이에서 유명해졌다. 그때 나의 웨딩부케를 기억해주는 신부들 덕에 플로리스트로서의 이름을 얻을 수 있었다.

꽃이 함께하는 자리는 늘 즐겁다. 누군가에게 두고두고 행복한 추억이 될 순간에 내가 만진 꽃이 함께한다고 생각하면 더욱 즐겁다. 사랑하는 연인에게 프로포즈를 하는 그, 인생의 전환점에 내 부케를 들겠다는 그녀. 수많은 청혼과 웨딩에 내가 만든 꽃이 함께했다. 평생 기억될 특별한 날, 나의 꽃들이 그와 그녀들을 빛나게 했다는 사실에 매번 감격한다.

아뜰리에 슈크레로 작업실을 시작한 지도 3년 반이 되었다. 요즘에도 정성들여 만든 부케가 작업실을 출발할 때면 여전히 고맙고 가슴이 뭉클하다. 부케에 사용하는 꽃은 대부분 귀한 수입 꽃이어서 언제나 긴장을 늦추지 않는다. 꽃시장에서 데려와 작업실에서 내보낼 때까지 항상 정신을 바짝 모으고 있다. 예쁘게 피우고 관리해야 결혼식 당일에 신부를 더 빛나게 할 테니까. 무사히 식장에 도착해 신부의 손에 전해졌다는 말을 듣고서야 긴장으로 굳었던 어깨가 풀어지곤 한다.

웨딩에 관련된 모든 꽃들은 그렇게 늘 조마조마한 마음으로 만지게 되지만 웨딩부케를 만드는 일은 앞으로도 계속할 생각이다. 결혼식을 마치고 감사의 메시지와 함께 부케를 들고 환하게 웃는 사진들을 받곤 하는데, 그때마다 나는 언제나 행복한 사람임을 느낀다.

솔방울을 금색으로 칠해 사용해달라는 신부, 당일 새벽에 부케 디자인을 체크하던 신부, 자신이 디자인한 웨딩드레스와 어울리는 부케를 만들어달라는 신부, SNS 글귀 하나로 멀리 미국에서 찾아온 신부…. 웨딩 부케로 만났던 그녀들의 환한 웃음이 내게는 큰 힘이 되었다.

언젠가 자신이 낳은 딸이 결혼을 하는 그날에도 웨딩부케만큼은 내 것이어야만 한다는 그녀의 말이 얼마나 힘이 되는지 모른다. 새삼 내가 만든 웨딩부케를 들고 더 찬란하고 아름답게 특별한 날을 보냈던 이들에게 감사를 전하고 싶다. 다소곳이 든 부케와 떨림만큼 내내 행복해하며 살기를 바라며….

CHAPTER
4

*Special Day*

특별한 날,
특별한 순간을 위해 만지는 꽃

# 24

*To my valentine*

뜨거운 마음을 담아
## 하트 어레인지먼트

/

심장과 사랑을 의미하는 하트 모양은 세계 공통이에요.
하트 어레인지먼트로 소중한 사람에게 마음을 전해보세요.
송이가 큰 꽃과 작은 꽃을 높낮이와 방향을 다르게 배치했습니다.

**사용한 꽃**
위부터 줄아이비, 레드베리, 블랙 뷰티 장미, 로맨틱 장미,
산수유, 다알리아, 핑크 피아노 장미, 아스틸베, 아트누보 장미, 수국
**부재료**
하트 모양 플로럴폼, U핀, 오아시스 칼

## To my valentine

1. 오아시스 칼로 플로럴폼 모서리를 잘라준다(데블링 작업).
2. 블랙 뷰티 장미와 핑크 피아노 장미를 일자로 꽂아준다. 이때 하트의 뾰족한 모양을 살려 꽂아야 한다.
3. 수국을 분절한 다음 U핀으로 꽂아 플로럴폼을 가려준다. 이때 하트 모양이 유지되도록 주의한다.

| 1 | 2 |
|---|---|
| 3 | |

## How to make

4. 대칭이 되도록 양쪽에 로맨틱 장미를 꽂는다. 이때 위치는 비슷하되 꽃을 바라보는 방향은 다르게 꽂는다.
5. 수국 사이에 블랙 뷰티 장미를 비스듬히 꽂는다.
6. 수국 사이에 다알리아를 꽂는다. 이때 방향은 다르게 한다.

|  4  |     |
| --- | --- |
|  5  |  6  |

## To my valentine

7. 큰 꽃 사이에 산수유를 조금 높이 꽂아준다.
8. 꽃이 뭉친 부분에 레드베리를 꽂아 질감 변화를 준다.
9. 아스틸베를 꽂아 꽃의 색감이 뭉치지 않도록 한다.

## How to make

10. 하트 윗부분에 장미 송이가 길게 나오도록 어레인지해준다.
11. 아트누보, 다알리아, 블랙 뷰티 등의 큰 꽃을 꽂아가며 빈틈을 채운다.
12. 줄아이비로 하트 모양이 더 두드러질 수 있도록 바깥부분을 바짝 당겨 감싸고 U핀으로 고정한다.

| 10 | |
|---|---|
| 11 | 12 |

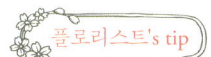

하트 모양을 잘 표현하고, 색감이 뭉치지 않도록 주의하며 꽂아야 해요. 하트 모양이 살아나도록 나와야 할 곳과 들어가야 할 곳을 염두에 두고 적합한 꽃을 사용하세요. 입체적인 하트 모양으로 완성하는 게 포인트입니다.

# 25

*French hatbox*

해 바 라 기 가   돋 보 이 는
## 해트박스 어레인지먼트

---

해트박스는 중절모자처럼 생겨서인지 영국 느낌이 강한 아이템입니다.
프렌치 스타일로 어레인지해보았어요. 집들이 선물로도 좋고 특별한 날 장식으로도 좋습니다.

**사용한 꽃**
왼쪽부터 카타리나 장미, 니겔라 열매, 해바라기, 센토레아 열매, 센토레아, 치자나무 꽃
**부재료**
22번 와이어, 해트박스, 플로럴폼, OPP필름(비닐)

## French hatbox

1. 해트박스의 뚜껑과 바구니 뒷부분을 22번 와이어로 뚫어 연결하여 뚜껑을 고정한다.
2. 비닐로 감싼 플로럴폼을 넣은 다음 장미 가지를 잘라 뒤쪽에 꽂아 뚜껑을 고정한다.
3. 송이가 가장 큰 해바라기부터 꽂기 시작한다.
4. 카타리나 장미와 송이가 큰 다른 꽃을 주변에 꽂는다. 이때 같은 종류 꽃은 송이 크기가 다른 것을 고르고 높낮이도 차이를 둔다.

| 1 | 2 |
|---|---|
| 3 | 4 |

## How to make

5. 꽃이 뭉쳐 보이지 않도록 니겔라 열매를 섞어준다.
6. 센토레아와 센토레아 열매를 함께 사용해 자연스러운 느낌을 준다.
7. 치자나무 꽃을 포인트가 되는 부분에 꽂아 완성한다.

| 5 | |
|---|---|
| 6 | 7 |

 플로리스트's tip

한쪽 부분이 튀어나오지 않도록 해트박스 모양에 맞게 고르게 꽂으세요. 꽃이 피어날 것을 예상해 너무 빼곡히 꽂지 않도록 주의하세요.

# 26

*Flower tree*

레드 톤으로 따스하게
## 플라워 트리

크리스마스 트리 색상은 당연히 초록색이 떠오르시죠?
레드 톤 플라워 트리를 만들어보았습니다 오너먼트와 함께 생화로 만든 트리가 독특하답니다.
진한 레드 톤 플라워 트리로 따뜻하고 화사하게 연출해보세요.

### 사용한 꽃
왼쪽부터 수국, 아네모네, 은엽, 레드 피아노 장미, 옥스퍼드 스카비오사,
버블검 장미, 라넌큘러스, 도미니카 장미
### 부재료
플로럴폼, 오아시스 칼, U핀(와이어)

# Flower tree

1. 플로럴폼을 세워 중간 위치까지 사선으로 각을 쳐서 자른다.
2. 아랫부분은 수직으로만 데블링한다.
3. 수국은 분절하여 조금씩 꽂으며 플로럴폼을 가려준다.
   트리 모양을 살려 꽂고, U핀으로 가지를 고정한다.

| 1 | 2 |
|---|---|
| 3 | |

How to make

4. 가장 윗부분에는 트리가 뾰족하게 보이도록 피아노 장미의 송이부분을 잘라 꽂아준다.
5. 도미니카 장미를 꽂아 수국 사이로 보이는 플로럴폼을 가려주고 은엽은 조금 길게 넣어준다.
6. 수국 사이에 라넌큘러스를 일자로 잘라 넣어주고 송이는 조금 더 길게 꽂아 자연스럽게 연출한다.

# Flower tree

7. 옥스퍼드 스카비오사는 살짝 빼서 송이를 드러내준다.
8. 버블검 장미는 옆부분에 비스듬히 꽂아준다.
9. 아네모네는 반드시 일자로 잘라 빈 공간 크기에 맞게 넣어준다.

### How to make

10. 꽃이 모인 곳마다 피아노 장미 송이를 조금 높게 꽂아 입체적인 느낌을 더한다.
11. 트리 윗부분에 은엽을 꽂아 뾰족하게 끝을 마무리한다.
12. 오너먼트를 와이어링해 트리에 얹어 장식해준다.

|  10  |   |
|:----:|:-:|
|  11  | 12 |

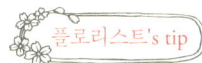 플로리스트's tip

플라워 트리는 프레임을 유지하는 게 무엇보다 중요합니다. 위로 올라갈수록 뾰족해지는 모양을 유지해주세요. 아랫부분에는 주로 송이가 큰 꽃을 넣어주세요. 수국, 아네모네, 라넌큘러스, 옥스퍼드 스카비오사 등은 일자로 잘라야 물이 쉽게 내리지 않습니다.

# 27

## *Dry wreath*

### 언제나 크리스마스 기분
# 와이어링 리스

서양에서는 크리스마스 리스를 대문에 달아서 문을 지나는 사람들에게 행운이 있기를 기원한답니다.
'평화'를 상징하기도 해서 선물로도 인기가 많아요. 크리스마스 분위기를 낼 때 효과 만점이지요.
크리스마스 시즌에 만들어 집 안을 장식해보세요.

**사용한 꽃**
폴리(유칼립투스)
**부재료**
바인딩와이어, 리스틀

## Dry wreath

1. 폴리(유칼립투스)를 손가락 마디 하나 정도 크기로 자르고 2~3개씩 겹쳐 잡는다.
2. 모아둔 폴리 가지를 바인딩 와이어로 묶는다.
3. 가지는 색깔별로 와이어링한다.

| 1 | 2 |
|---|---|
| 3 | |

## How to make

4. 리스틀에 비스듬히 놓고 와이어로 뒷부분을 조여 묶는다.
5. 색을 교차시키며 둘러 만든다. 한쪽에 쏠린 디자인으로 연출한다.

4
—
5

# 28

## *Ornament bouquet*

트리를 장식하듯
# 크리스마스 오너먼트 부케

소품 하나만으로도 크리스마스 분위기를 멋지게 낼 수 있습니다.
강렬한 레드 톤 생화로 크리스마스 시즌에 어울리는 부케를 만들어보았습니다.
높은 가지가 돌출되도록 만들고 예쁜 오너먼트를 달아 몽글몽글한 느낌을 더했습니다.

**사용한 꽃**
왼쪽부터 낙상홍, 폴리(유칼립투스), 왁스플라워, 도미니카 장미, 수입 거베라, 스키미아,
레드 피아노 로즈, 은엽, 오리목
**부재료**
절연 테이프, 크기가 다른 오너먼트 여러 개

## Ornament bouquet

1. 레드 피아노 로즈와 은엽을 스파이럴로 잡는다. 이때 은엽은 조금 더 높게 잡는다.
2. 열매와 같은 스키미아를 더해 잡는다.
3. 폴리(유칼립투스)는 몇 가지를 한꺼번에 넣는다.

| 1 | 2 |
|---|---|
| 3 | |

## How to make

4. 폴리(유칼립투스)가 더해진 부분에 거베라와 왁스플라워를 넣되, 왁스플라워를 조금 더 위에 오게 잡는다.
5. 낙상홍과 도미니카 장미를 넣어준다. 도미니카 장미는 개화한 정도나 높이가 다른 두 송이를 함께 잡는다.

4/5

## Ornament bouquet

6. 오리목은 나중에 오너먼트를 걸어야 하니 조금 높이 잡아준다.
7. 계속 꽃을 추가하여 동그란 꽃다발을 만든다. 낙상홍, 스키미아, 오리목, 은엽, 왁스플라워 등은 좀 더 높게 잡아 와일드한 느낌을 연출한다.

## How to make

8. 절연 테이프로 꽃다발을 묶는다.
9. 높게 올라온 가지에 준비한 오너먼트를 걸어준다.

# 29

## *A winter lamp*

언제나 빛이 비추기를
# 램프 어레인지먼트

램프와 캔들과 함께 어레인지하여 동화 속 분위기로 연출해보았어요.
따스한 분위기로 어레인지하면 크리스마스 장식으로 좋아요.
랜턴 등 다양한 소품을 활용해보세요.

**사용한 꽃**
왼쪽부터 피어리스, 화이트 이리스카 장미, 코치아, 리시안셔스, 아스틸베, 목화, 은엽, 엘레강스 장미
**부재료**
플로럴폼, 오아시스 테이프, 빈티지 램프

# A winter lamp

1. 플로럴폼을 잘라 오아시스 테이프로 램프의 손잡이에 달아준다. 장식물 어디든 고정이 되는 곳에 달면 된다.
2. 은엽을 자연스럽게 꽂아준다.
3. 램프 아래쪽에도 플로럴폼을 고정하고 은엽 끝부분이 보이도록 넣어준다.

## How to make

4. 화이트 이리스카 장미를 모아 꽂는다. 이때 봉오리는 좀 더 높게 꽂아야 잘 보인다.
5. 아스틸베는 쭈뼛 선 모양이 눈에 띄게 높이 꽂는다.
6. 코치아를 꽂아 눈 내리는 듯한 느낌을 준다.

| 4 | |
|---|---|
| 5 | 6 |

## A winter lamp

7. 목화를 꽂아주고 피어리스를 사이사이에 넣어 빼곡한 느낌을 없앤다.
8. 엘레강스 장미를 색감에 포인트를 준다.
9. 램프 아랫부분에 목화를 꽂아 중심을 잡아준다.

## How to make

10. 코치아를 세워 꽂는다.
11. 이리스카 장미를 높낮이에 변화를 주어 꽂는다.
12. 아스틸베를 적절히 배치한다. 손잡이와 마찬가지로 피어리스를 넣고 엘레강스 장미로 색감에 포인트를 준다.

| 10 | 11 |
|---|---|
| 12 | |

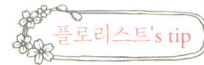

플로리스트's tip

생화를 좌우로 넓게 쓰면 랜턴이 퍼져 보일 수 있어요. 생화와 램프가 어우러지도록 밸런스에 신경 써서 어레인지하세요.

# 30

*Halloween*

캔디 대신 꽃을

## 할로윈 센터피스

할로윈에 어울리는 색감으로 만든 센터피스입니다.
미니 호박을 함께 담아 가을 분위기가 물씬 나는 어레인지먼트예요.
미니 호박 대신 단호박을 잘라 사용해도 예쁘답니다.

**사용한 꽃**
왼쪽부터 미니 호박, 다알리아, 디디스커스, 아트누보 장미, 마르샤 장미,
실버 라벤더, 층층이 꽃, 니콜(유칼립투스), 구피향
**부재료**
별 모양 화기, 플로럴폼

## Halloween

1. 화기에 플로럴폼을 설치하고 가장 송이가 큰 다알리아를 꽂고 자유로운 모양으로 니콜도 꽂아준다.
2. 다알리아 옆에 구피향을 넣어준다.
3. 마르샤 장미와 층층이 꽃을 넣는다. 중앙부터 가장자리로 꽂는 느낌으로 어레인지하고 층층이 꽃은 조금 더 높게 꽂아준다.

| 1 | 2 |
|---|---|
| 3 |   |

## How to make

4. 아트누보 장미를 꽂고 실버 라벤더는 높게 세워 가장자리를 채운다.
5. 마르샤 장미와 함께 디디스커스를 꽂는다. 디디스커스 봉오리는 옆으로 뻗어나간 모양으로 꽂는다.
6. 꽃으로 채운 자리 사이 여백에 미니 호박을 넣어 완성한다.

| 4 | |
|---|---|
| 5 | 6 |

꽃들이 모두 같은 방향을 보지 않게 꽂는 게 포인트예요. 수직이 아니라 지그재그 느낌으로 자유롭게 꽂아주세요. 나중에 미니 호박이 들어갈 자리를 고려해 꽃을 배치하세요.

# ESSAY

# 다시없을
## 오늘을 소중하게

요즘은 특별한 날에 직접 실내를 장식하며 분위기를 만드는 사람이 늘었다. 소소하게 이니셜을 새기고 꽃을 준비하고 스테셔너리까지 예쁘게 꾸며서 파티를 준비하는 사람이 늘어난 만큼, 파티와 플라워 스타일링에 대한 관심도 늘고 있다.

그중에서도 가장 특별한 날을 꼽아본다면 1년 365일 중 언제일까? 오늘 하루는 절대 다시 돌아오지 않기에, 그렇게 생각하면 매 순간이 소중하다는 생각이 든다. 나는 플로리스트로 살면서 하루하루를 더 소중하게 여기게 되었는데, 그 시기에만 나오는 꽃이 있어서, 그 순간의 만남이 행복하기 때문이다.

사계절이 다 소중하지만 특히 좋아하는 계절은 있다. 바로 겨울이다. 그중에서도 유독 크리스마스부터 연말까지의 시기를 좋아한다. 한 해를 마치는 서운함이 없지는 않지만 그 시기여서 느낄 수 있는, 소위 말하는 '연말 분위기'가 너무 좋다. 코끝에서 느껴지는 싸한 공기와 눈, 입김이 나오는 그런 계절…

그에 걸맞게 가장 좋아하는 영화는 연말 분위기가 나는 로맨틱한 분위기의 영화와 가족영화이다. 그리고 가장 좋아하는 음악은 크리스마스 캐럴이다. 1년 내내 작업실 플레이 리스트에 올려두고 연말 기분을 만끽하기도 한다. 한여름 더위가 지칠 때에도 그렇게 수업을 하곤 했다.

겨울에는 꽃과 소재도 달라진다. 두터운 빨간 니트리본과 골드 오너먼트, 향나무와 삼나무, 전나무와 호랑가시나무, 열매가 달린 유칼립투스와 낙상홍, 라넌큘러스와 아네모네, 솔방울과 시나몬 스틱, 목화와 자작나무…. 떠올리기만 해도 미소가 지어질 만큼 좋아하는 소재와 꽃들이 한 아름 준비되어 있다.

연말과 크리스마스는 누군가와 함께 보낼 수 있는 가장 설레는 시간들이다. 혼자보다는 가족, 연인 등 소중한 이와 함께 보내는 이가 많을 것이다. 소중한 이들과의 시간을 좀 더 어여쁘게 장식하기 위해서 필요할 만한 작품과 꽃들이 도움이 될 거라고 생각한다.
따스함과 설레는 마음을 더욱 만끽시켜줄 꽃과 소재들, 그리고 크리스마스와 특별한 시기를 더 기억에 남도록 장식할 수 있는 꽃들을 알려주며 꽃과 소재 하나하나에 더 분위기가 고조되는 시간들에 함께할 수 있었으면, 누군가 우리의 꽃을 기억해주었으면….

AFTER THE FLOWER CLASS

오후 4시,
꽃을 즐기는 시간

꽃을 오래 보고, 꽃을 피우기 위한 관리 TIP
꽃을 오래 보고, 꽃을 피우기 위한 보관 TIP

# AFTER THE FLOWER CLASS
## 꽃을 오래 보고, 꽃을 피우기 위한 관리 TIP

꽃 수업을 하며 '꽃을 오래 보고 싶다.'라는 바람이 크다는 사실을 알았어요. 꽃을 오래 보기 위한 관리 요령과 꽃을 피우는 요령을 알려드릴게요.

우선 꽃이 피려면 물, 온도, 빛이 필요합니다. 이를 잘 조절하면 꽃을 오래 볼 수 있어요. 빛이 있어야 꽃이 피지만 빛이 과하면 꽃이 빨리 져버려요. 꽃은 10℃ 내외에서 싱싱하게 유지돼요. 물은 수돗물이면 충분합니다.

가장 익숙한 꽃다발을 예로 관리법을 살펴볼까요? 우선 최대한 빨리 다발을 풀고 물에 담가주어야 합니다. 이때 줄기 끝 단면을 잘라준 후에 넣어주는 게 좋습니다. 줄기 끝이 마르면 물을 빨아들이는 힘이 약해지기 때문입니다.

줄기 끝 단면을 최대한 넓게 잘라주는 게 요령입니다. 사진에서 오른쪽 줄기의 단면이 가장 넓습니다. 물과 접촉하는 면이 넓을수록 더 물을 잘 빨아들일 수 있어요. 최대한 꽃가위 끝날에서 각도를 주어 단면을 넓게 잘라주세요.

유칼립투스, 레몬잎, 엽란, 조팝나무, 설유화 등 나무 소재나 초록색 잎 종류는 단면이 딱딱해서 각도를 주어 자르기 힘듭니다. 또 꽃에 비해 물을 빨아들이는 능력이 떨어집니다. 그러므로 나무는 사진처럼 가위집을 내어 단면을 크게 만들어야 합니다.

# AFTER THE FLOWER CLASS
## 꽃을 오래 보고, 꽃을 피우기 위한 보관 TIP

❋ **직사광선은 피하세요!**
꽃을 직사광선에 두면 개화 속도가 빨라집니다. 꽃이 빨리 져버려서 오래 보며 즐기지 못할 뿐만 아니라 물의 온도가 높아져서 금세 탁해지고 냄새가 나기도 해요. 꽃이 상해버립니다.

❋ **서늘하고 그늘진 곳에 두세요! 냉장고는 NO!**
가끔 냉장고에 꽃을 넣었다 빼는 사람이 있습니다. 꽃잎은 온도차에 민감합니다. 채소가 냉해를 입듯 큰 온도차가 생기면 꽃잎이 다쳐 금방 시듭니다. 냉장고에 둘 때는 싱싱하지만 꺼내면 바로 시들어버릴 거예요. 꽃은 서늘하고 통풍이 잘되며 그늘진 곳에 두세요.

❋ **저녁에는 테라스나 베란다에 보관해주세요! 한겨울은 주의!**
자는 동안에는 꽃을 즐길 수 없을 테니 테라스나 베란다에 옮겨두세요. 실내에 두면 아무래도 온도가 높아 꽃이 빨리 개화합니다. 테라스나 베란다는 실내 온도보다는 낮으니(10℃ 내외) 자는 동안(6~8시간) 내어 두었다가 아침에 들여놓으세요. 다만, 한겨울에는 꽃이 얼 수 있으니 주의하세요. 이 보관법은 큰 온도차가 없는 계절에 적합합니다.

❋ **시든 잎이나 꽃은 뽑아주세요!**
어떤 꽃이냐에 따라 수명은 제각각입니다. 줄기가 여리고 가는 꽃, 꽃잎이 얇은 꽃일수록 수명이 짧습니다. 시든 꽃은 옆의 꽃까지 시들게 만듭니다. 다친 잎도 마찬가지입니다. 수명을 다한 꽃은 빼내세요.

❋ **꽃과 과일은 함께 두지 마세요!**
꽃과 과일이 함께 담긴 꽃바구니를 쉽게 볼 수 있습니다. 저 또한 종종 과일과 함께 스타일링하지요. 하지만 보관할 때에는 분리시킨답니다. 과일에서 나오는 '에틸렌'이라는 식물 호르몬이 꽃을 시들게 하거든요. 식탁에 두는 꽃이나 과일바구니에 담긴 꽃은 멀리 떨어뜨려주세요. 그래야 꽃의 수명을 연장시킬 수 있습니다.

EPILOGUE

# 꽃을 만지는 순간은
## 언제나 행복하다

나는 철저한 어문학도인 동시에 인문학도였다. 쨍하니 드는 햇살에 웃었고 비가 내리면 생각이 많아졌다. 낙엽이 구르면 허전해했고 입김이 나오기 시작할 즈음엔 크리스마스를 기다렸다. 늘 수필집을 들고 다녔고 지나치는 사람들의 이야기에 공감하며 뜨거운 마음을 쏟아냈다. 다른 사람들보다 조금은 더 감성적인 내가 꽃을 만나게 된 것은 어쩌면 우연이 아닐지도 모른다.
'내가 좋아하는 일, 내가 평생 할 수 있는 일!'
처음 꽃을 선택했을 때, 스쿨에 들어섰을 때, 파리에 갈 때마다 한 생각이다. 나는 아마도 꽃을 평생 즐기며 할 수 있을 것 같다는 생각 말이다. 3년쯤 지났을까? 누가 내게 '참 열심히 한다.'고 말했다. 나는 그때까지 깨닫지 못했다. 내가 꽃을 열심히 하고 있는지는…. 그저 좋아하기에 지치는 줄 몰랐고 그래서 쉬지 않고 했던 것뿐인데…. 사실 나는 꽃을 만지는 매 순간이 즐거웠다. 손끝이 짓무르고 물에 닿아 가렵고 내내 서 있어 다리가 붓고 손발이 저릿하더라도 언제나 즐거웠다.
나는 파리에 있는 까뜨린뮐러 스쿨에서 꽃을 배웠다. 까뜨린은 내 선생님이자 든든한 인생의 버팀목이다. 그녀를 만난 후 내 삶은 더 풍요로워졌다. 내가 '꽃 선생님'이 된 후에도 내게 의지할 '스승'이 있다는 사실은 언제나 힘이 되었다. 파리에 방문할 때마다 까뜨린을 찾는데 꽃만큼 마음까지 따뜻한 그녀에게 많은 것을 배운다. 그리고 늘 나도 누군가에게 그녀와 같은 선생님으로 기억되고 싶다고 생각하곤 한다.
꽃을 만질 때면 행복하다. 꽃 수업을 듣는 학생들의 표정도 나와 비슷한 걸 보면 꽃이 전해주는 행복인 것 같다. 이 책을 보는 이들도 꽃을 만지고 따라 하며 행복했으면 좋겠다.

추운 날씨에 시작해서 다시 추운 날씨에 마무리하게 되어 감회가 새롭다. 하나하나 내 손이 닿지 않은 곳이 없어 더 애착이 많이 간다.
이 책에 실린 글과 사진이 누군가의 마음에 남으면 참 좋겠다. 과정 사진을 보고 따라 하면서 작품을 만들어 꽃과 함께하는 일상이기를 바라기도 하지만 지친 일상에 '만들지 않아도, 이 꽃들 보기만 해도 좋다.'라는 마음이 들었으면 하는 바람으로 책을 준비했다.
앞으로도 늘 어여쁜 꽃과 사람을 만나게 되기를 소망하며…